Probablement

© Éditions du Seuil, 25 boulevard Romain-Rolland, 75014 Paris, novembre 2011.
© Vincent Delerm pour les photographies.

ISBN : 978.2.02.105669.3

www.seuil.com

Probablement

Textes et photographies de
Vincent Delerm

SEUIL

Probablement quelqu'un leur a expliqué que cela ne reviendrait pas tellement plus cher de changer toutes les lettres que de remplacer le g.

Probablement les lots pour filles sont sur la gauche.

Probablement à la fin de sa vie il aura consacré davantage de temps à empiler les chaises qu'à aborder des sujets de fond avec sa mère.

Probablement *Hotel California* est diffusée avec davantage d'aigus que de basses.

Probablement en quittant la préfecture à dix-neuf heures elle ne fait pas de crochet par le manège à clochettes.

Probablement la boisson sélectionnée ne descendant pas, il est arrivé que quelqu'un frappe du plat de la main à l'endroit du jus d'orange sanguine avec deux pailles, non pas pour faire venir la canette mais pour faire venir quelqu'un qui ferait venir la canette.

Probablement Jessica dont les parents tiennent le Candy Sweet Candy depuis vingt-trois ans n'a pas eu réellement le choix au moment d'entrer dans la vie active.

Probablement *Salsa du Démon* n'était pas un nom adapté pour un stand de tir.

Probablement un garçon vient parfois redémarrer l'autotamponneuse treize, probablement il évite les autres véhicules en repartant, probablement il enroule son bras à un montant métallique lorsqu'il a regagné le bord de piste, rescapé de justesse.

Probablement ils vont bientôt gagner un briquet Cindy Crawford au jeu qui donne l'impression que toutes les pièces vont tomber le coup d'après.

Probablement il y a eu un vrai investissement de départ.

Probablement il y a Brésil et Brésil.

Probablement il y a paillotte et paillotte.

Probablement entre le moment où ils ont eu l'idée de mettre ce panneau et le moment où ils l'ont réellement scotché, il y a encore eu trois personnes pour demander à transformer leur Porcinet en Bart Simpson.

les peluches
ne sont pas
échangeables

Probablement assise à ses côtés dans le wagon, une grande partie des reproches qu'elle lui adresse depuis trois ans sera mise entre parenthèses à cet endroit du parcours.

Probablement certains soirs c'est la folie ici.

Probablement entendre à l'infini des enfants hurler de rire en tombant sur les coussins multicolores n'a jamais empêché personne de fumer trois paquets par jour.

Probablement c'est en marchant sur les plaques flottantes de métal avant le départ qu'on se pose la question de la technique d'accroche des rails de la montagne russe.

Probablement on est en France.

Probablement les amateurs de jeux de mots se régalent.

Probablement quand la machine dit « retourne voir ta maman mon chou », trois garçons coiffés court en bombers rigolent un peu fort.

Probablement il y a un fournisseur à Montreuil-sous-Bois spécialisé dans les enseignes foraines et il vaut mieux savoir ce qu'on veut quand on appelle.

Probablement c'était pareil en 1983.

Probablement ce ne serait pas grand-chose de changer la cinquième ampoule mais personne ne s'en occupe.

Probablement il s'agit plutôt d'un endroit pour dîner que pour observer la femme-poisson.

Probablement la question de la fraîcheur se posait moins avant d'avoir lu le panneau.

Probablement ils ne se sont aperçus de rien au Mutant.

Probablement il a plu.

Probablement lorsqu'elle referme les tupperwares sur le réglisse fluorescent à une heure et quart du matin, il y a quelque chose d'absent dans son regard.

Probablement « ah quand même voilà ça c'est un manège » est la phrase prononcée par un grand-parent sur trois en arrivant à cet endroit.

Probablement nous allons être transportés vers le futur de façon assez violente.

Probablement il y a « up » quelque part dans le mot pour désigner cet objet.

Probablement il y a eu de très beaux moments sur ce manège.

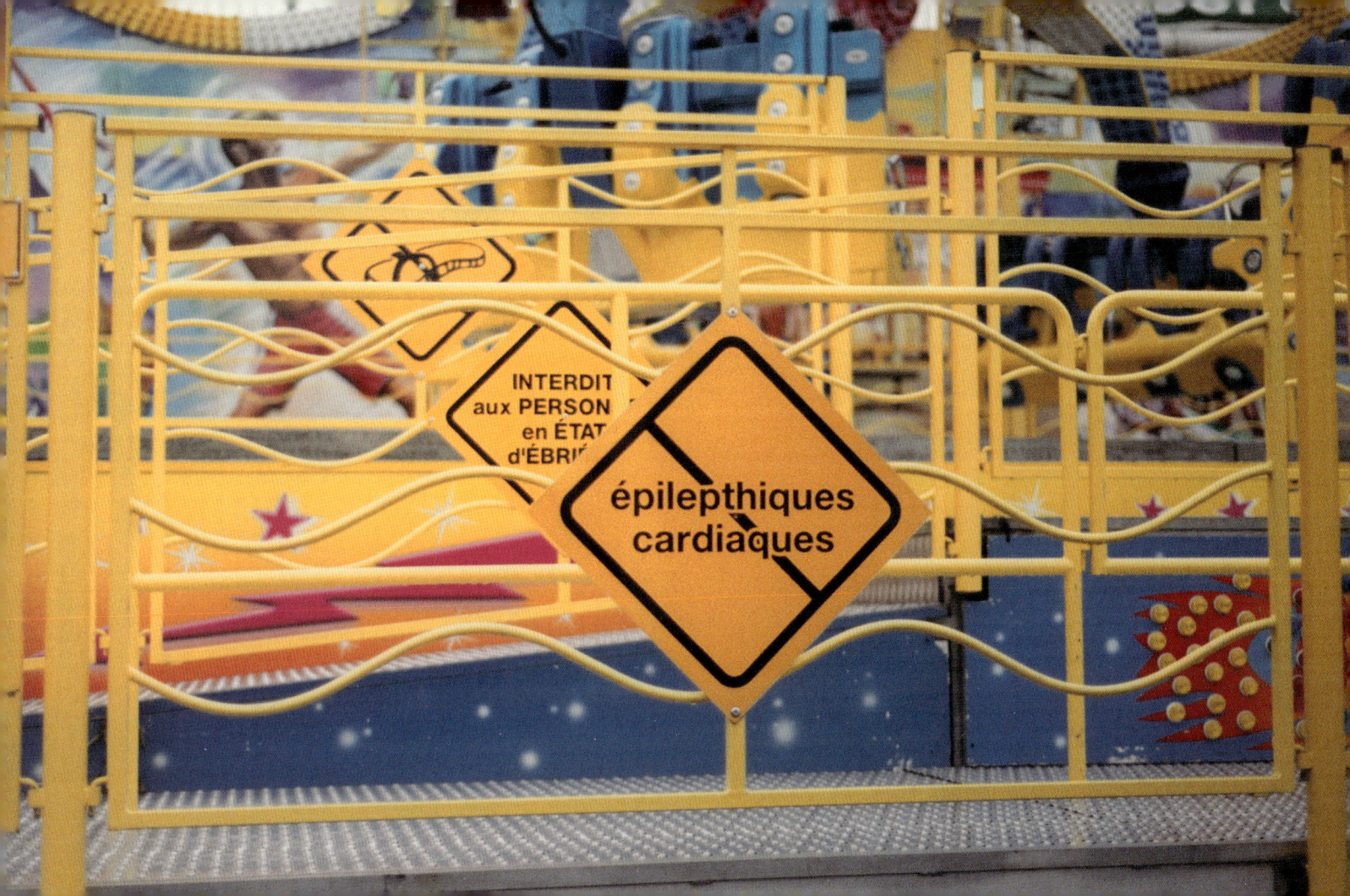

Probablement de façon plus particulière pour les personnes ayant zéro virgule sept sur dix à l'œil gauche.

Probablement il s'agit de métiers avec un taux de suicide à prendre en considération.

Probablement la pince au-dessus des Super Mario est encore moins efficace que les autres.

Probablement les gens qui maîtrisent le palmarès de Pirmin Zurbriggen et Pernilla Wiberg ne s'y retrouvent pas tout à fait.

Probablement ils se sont rencontrés l'été 1991 et ils ont dû emprunter au début de l'année suivante pour acquérir le stand.

Probablement c'est une bonne idée d'en commander six plutôt que douze.

Chi   *Croustillons*   Nougat

Probablement c'est une mauvaise idée de ne pas regarder la route.

Probablement les choses joyeuses de l'enfance ne sont jamais très éloignées des choses tristes.

Probablement on est à Rouen le vendredi dix-neuf novembre deux mille dix à seize heures trois.

Merci à J-P Degrave pour le Nikon F3 marseillais.

Graphisme : Virginie Perrollaz
Photogravure : Quadrilaser à Ormes, France
Impression : Proost à Turnhout, Belgique
Dépôt légal : novembre 2011. N° 105669